TABLEAUX

DU

SYSTÈME ADMINISTRATIF

ET FINANCIER

DE 1789 ET DE 1817,

Par M. FORMÉ.

À PARIS,

Chez DELAUNAY, Libraire, Palais-Royal, galerie de bois.

DE L'IMPRIMERIE DE J.-L. SCHERFF, PASSAGE DU CAIRE, N°. 54.

1817.

TABLEAUX

DU SYSTÈME ADMINISTRATIF ET FINANCIER

DE 1789 ET DE 1817.

OBSERVATIONS SUR L'EMPRUNT

PROPOSÉ PAR SON EXCELLENCE LE MINISTRE DES FINANCES,

SUR LE CADASTRE ET SUR LE PROJET D'AMORTISSEMENT.

La somme qui était nécessaire avant 1789, pour les dépenses ordinaires de l'Etat, n'excédait pas 531 millions 533 mille livres : cependant l'Etat devait 6 milliards 527 millions 313 mille 800 livres, les rentes perpétuelles, viagères, les pensions et toutes les sommes dont il était débiteur, capitalisées au denier 20. En adoptant les mêmes bases pour la dette actuelle, on trouve qu'elle se réduit à 3 milliards 871 millions 427 mille 240 fr. Sur cette somme, 560 millions restaient dus le 1er. janvier 1817, sur les obligations contractées envers les Puissances étrangères, et 320 millions devront acquitter les dépenses de l'armée d'occupation, jusqu'à la fin de 1818. Ainsi la dette actuelle est inférieure de deux milliards 655 millions 896 mille 560 fr. à la dette qui existait il y a vingt-sept ans.

Pour payer la dette extraordinaire, rembourser les fonds qui seront empruntés, faire le service des dépenses ordinaires pendant 1817, 1818, 1819 et 1820, Son Excellence le Ministre des Finances demande,

1°. Que les contributions et quelques autres revenus, mais peu importans,

fournissent, pendant chacune de ces quatre années, 774 millions 4 mille 803 fr. Total, 3 milliards 96 millions 19 mille 212 fr., ci.. 3,096,019,212 fr.

2°. Que le trésor reçoive en 1817, 314 millions 290 mille 154 fr. d'un emprunt de 30 millions, ci.... 314,290,154
Idem en 1818, de 21,800,000 f. de rentes.. 261,188,000
Idem en 1819, de 21,100,000 f. de rentes.. 253,000,000
Idem en 1820, de 22,900,000 f. de rentes.. 274,174,000 } 1,102,652,154 fr.

3°. Sur les dernières sommes, l'Etat perdra au moins 40 pour cent que j'ai calculés sur le cours, ci........ 441,060,862 fr.

4°. Cent millions devront être fournis à la caisse d'amortissement, par des ventes de bois, ci......... 100,000,000

5°. Pendant ces quatre années, 598 millions 417 mille 836 fr. seront perçus par les percepteurs, les régies, et pour les octrois, à raison de 149 millions 604 mille 459 fr. par année, sans que cette somme soit portée sur les budjets, quoiqu'elle fasse partie du tribut général (1), ci..... 598,417,836 fr.

En outre, le tribut actuel ne serait diminué qu'en 1821, et cette réduction ne serait que de 100 millions.

TOTAL..... 5,338,150,064 fr.

Telle est l'analyse du projet du Ministre des Finances, et l'état des sommes qui seraient fournies par les contributions et par des emprunts, pendant les années 1817, 1818, 1819 et 1820.

Voici le problême que je me suis proposé.

Est-il possible de solder en 1817 et 1818 les obligations étrangères, de faire le service des dépenses ordinaires, de remplacer une grande partie du matériel de l'armée, d'obtenir, à une époque très-rapprochée, une très-grande réduction dans les impôts et d'affecter sans emprunt ni augmentation dans les impôts un fonds qui serait destiné à la guerre, et pendant la paix à l'amortissement de la dette perpétuelle constituée ?

J'ai trouvé qu'il était possible d'arriver à la solution de ce problême, mais qu'il fallait

1°. Ramener les dépenses administratives et les frais de perception au système de 1789, auquel on ajouterait 20 pour o/o, à cause de la dépréciation des espèces, depuis vingt-sept ans ;

(1) Voir le neuvième Tableau. Le total ci-contre devra être porté à 5 milliards 400 million 950 mille 64 francs, si le double emploi relatif aux 15 millions 700 mille francs de dégrèvement, et les calculs que j'ai annoncés dans le 12e. tableau existe réellement dans le budget.

2°. Réduire, en 1817 et 1818, les dépenses de la justice de 6 millions, et les dépenses de la guerre et de la marine, d'une somme plus considérable;

3°. Autoriser le Ministre à faire percevoir, en 1817, les 774 millions 4 mille 803 fr. votés par le budget; à faire verser dans le trésor les 30 millions prélevés pour le principal des octrois, et les 109 millions 645 mille 678 fr. que les régies et les percepteurs ont été autorisés jusqu'à ce jour à compenser avec leurs dépenses et droits personnels (*Voir le* 9e. *Tableau.*);

4°. Aliéner une portion des forêts de l'Etat, jusqu'à la concurrence de 300 millions, et se procurer 70 millions, avec d'autres ressources faciles à trouver;

5°. Dégager entièrement les dépenses et les recettes ordinaires des recettes et des dépenses temporaires;

6°. Affecter 72,473,753 francs aux dépenses ordinaires, frais administratifs et de perception, octrois et non-valeurs compris, 20 millions pour l'intérêt de l'arriéré, et ajourner tous autres paiemens après notre affranchissement.

7°. Destiner par affectation spéciale aux dépenses de la guerre, si elle survenait, et pendant la paix aux amortissemens de la dette constituée les extinctions très-considérables qui arriveront nécessairement chaque année dans les traitemens de réforme, d'un trop nombreux état-major, dans les rentes viagères, dans les pensions inscrites et non inscrites et les recettes imprévues qui auront lieu.

Qu'à l'aide de ces moyens, les obligations étrangères seraient soldées dans les six premiers mois de 1818; que cette même année, l'impôt pourrait être réduit à 600 millions, à 550 en 1819 et années suivantes.

Voici le calcul des sommes qui seraient employées:

En 1817, 937 millions 899 mille 416 ci.	937,899,416 fr. (1)
En 1818, sommes reçues par le trésor, pour les impôts et autres objets dont je viens de parler, 970 millions, ci. .	970,000,000
En 1819.	550,000,000
En 1820.	550,000,000
TOTAL.	3,007,899,416 fr.

Moyens de l'autre part demandés par le Ministre. .	5,338,150,064 fr.
Excédant du projet de Son Excellence.	2,330,250,648

Je prie les personnes qu'une différence aussi considérable préviendrait contre mon système, de suspendre leur jugement jusqu'après les démonstrations

(1) Voir le 12e. tableau.

que je vais donner. Elles voudront bien se rappeler les développemens si extraordinaires qui furent proposés au sujet de la dette flottante, qu'on faisait monter, dans le principe, à 1,200 et 1,300 millions, réduite aujourd'hui à 400.

Comme mon plan se rattache à l'ancien système administratif et financier, ainsi qu'on a vu, et qu'il ajoute à ses dépenses dans la proportion de la dépréciation subie par les espèces, je commence par présenter dans plusieurs tableaux la dette, les impôts, les dépenses ordinaires de 1789, les capitaux qui sont dus en 1817, les sommes demandées pour l'impôt de cette année, et celles qui, sans être portées dans les budgets, devront être acquittées pour frais de perception et pour les octrois. Au tableau des dépenses de 1789, je joins deux états. Le premier offre les rapprochemens des articles de l'ancienne dépense, réduits ou éteints par les circonstances; et celui des dépenses nouvelles qui n'existaient pas à cette époque, telles que les traitemens de la magistrature, du clergé, etc.; le deuxième a pour objet les supplémens de 20 pour 0/0 que j'ai annoncés.

TABLEAU Ier.

Dette de 1789, dont le relevé a été fait sur les comptes de M. Necker.

En 1789, les rentes dues par l'Etat, pensions comprises, s'élevaient à 191 millions 420 mille 390 livres; elles employaient l'intérêt d'un capital de trois milliards huit cent vingt-huit millions quatre cent sept mille huit cents livres, ci (1)	3,828,407,800 fr.
Les capitaux des charges montaient à deux cent quatre-vingt-quatorze millions cinq cent quatre-vingts mille liv., ci.	294,580,000
Les intérêts et frais d'anticipation, quinze millions huit cents mille livres, représentant un capital de trois cent seize millions, ci.	316,000,000
Intérêts d'effets publics et de diverses créances, 44 millions 856 mille livres, représentant un capital de huit cent quatre-vingt-dix-sept millions sept cent douze mille liv., ci.	897,712,000
A reporter ci-contre.	5,336,699,800 fr.

(1) Pour faciliter les rapprochemens, j'ai capitalisé les rentes viagères et les pensions au denier 20; mais comme j'ai suivi la même proportion pour 1817, il n'en résulte aucun inconvénient.

Ci-contre. . . . . 5,336,699,800 fr.

Les engagemens à tems, envers le clergé, deux millions cinq cents mille livres, ci. 2,500,000

Les indemnités annuelles dues à diverses personnes, soixante-trois millions trois cent trente-quatre mille liv., ci. 63,334,000

Il faut ajouter le capital du déficit de 56 millions 239 mille livres, qui avait lieu dans le revenu; car comme les dépenses s'élevaient à 531 millions 533 mille livres, tandis que l'Etat ne recevait que 475 millions 294 mille, ce déficit représentait un capital réel d'un milliard cent vingt-quatre millions quatre cent soixante-dix-huit mille livres, ci. . . 1,124,780,000

TOTAL de la dette de 1789. . . . . 6,527,313,800 fr.

TABLEAU IIe.

Dette de 1817.

La dette perpétuelle et la dette viagère qu'il faut distinguer de la dette publique, dont plusieurs parties ne sont ni liquidées ni reconnues, ou qui consistent en des intérêts arriérés, se compose de 65 millions 393,312 francs pour la dette constituée; de 13 millions 400 mille francs pour la dette viagère; d'un million 500 mille francs pour la dette du Roi; de 750 mille fr. pour les rentes des communes; de 33 mille 334 fr. pour la maison Bentheim; de 3 millions 100 mille fr. pour les rentes inscrites du 1er. octobre 1815 au 1er. août 1816 en paiement de l'arriéré; de 6 millions pour l'intérêt des créances étrangères et de 5 millions pour l'intérêt de l'emprunt de 100 millions (1). Les pensions inscrites montent à 22 millions 937,576 fr.; celles qui ne le sont pas encore, à un million 207 mille 140 fr. Total 119 millions 321 mille 362 fr. qui emploient un capital de deux milliards trois cent quatre-vingt-six millions quatre cent vingt-sept mille deux cent quarante francs, ci. . . . . 2,386,427,240 f.

Le capital des cautionnemens est de 180 millions, ci. . . 180,000,000

A reporter. . . 2,566,427,240 f.

(1) Ces deux articles ne sont point encore inscrits.

D'autre part. . .	2,566,427,240 f.
Dans son rapport au Roi, le Ministre a fixé à 400 millions l'arriéré antérieur à 1816, ci (1).	400,000,000
Dette temporaire.	
Sans avoir de renseignemens sur la valeur du matériel de l'armée, je l'évalue à 25 millions, ci.	25,000,000
La France s'est engagée envers les Puissances étrangères à payer une somme de 700 millions, sur lesquels le Ministre a annoncé que 140 millions avaient été payés ; ainsi, 560 millions restaient dus le 1er. janvier 1817, ci.	560,000,000
L'entretien de l'armée d'occupation coûte 160 millions par an. Il faut espérer qu'elle ne restera pas en France au-delà de 1818, si l'on parvient à anticiper les paiemens des obligations, ci	320,000,000
TOTAL.	3,871,427,240 f.
La dette de 1789 était de. . .	6,527,313,800
Partant, non compris les remises qui ont été faites sur l'emprunt de 100 millions, l'Etat est libéré de 2 milliards 655 millions 896 mille 560 fr., ci.	2,655,886,560 f.

Il est impossible que la dette actuelle présente plus de danger que la dette de 1789, qui a été le prétexte de la révolution.

---

(1) Je n'ai point porté les 10 millions dus aux communes, ni les 14 millions 633 mille 513 fr. compris dans le sommaire des fonds demandés pour la dette publique, parce qu'il y a apparence que ces deux sommes font partie des 400 millions, objets de cet article.

TABLEAUX IIIe., IVe. ET V^e.

Des Dépenses ordinaires de 1789, *copiées sur les comptes de M. Necker, des Supplémens de* 20 *pour* 100, *des Réductions et Extinctions.*

TABLEAU 3e. DÉPENSES.	TABLEAU 4e. SUPPLÉMENT DE 20 POUR 0/0.	TABLEAU 5e. EXTINCTIONS ET RÉDUCTIONS.
Article 1er. Affaires étrangères et ligues üisses 7 millions 330 mille f. 7,330,000 f.	Art. 1er. Néant.	Art. 1er. Le budget ne porte cet objet qu'à 6 millions 500 mille fr.; ainsi il y aura une réduction de. . . 830,000 f.
Art. 2. Département de guerre et dépenses accesoires 99 millions 91 mille f. 99,091,000	Art. 2. Il faut ajouter 20 pour 0/0 à cause de la différence des valeurs depuis 1789, ci. . . 19,818,200 } Dans son rapport au Roi, le Ministre a fixé à 64 millions 900 mille f. les traitemens de retraite, de réforme et demi-soldes, ci. . . 64,900,00 } 84,718,200 f. *Nota.* Comme les dépenses contenues dans cet état n'ont aucun rapport avec les dépenses temporaires, je ne porte pas le renouvellement du matériel de l'armée.	Art. 2. Néant.
Art. 3. Marine et Colon. 40,500,000	Art. 3. 8,100,000	Art. 3. Néant.
Art. 4. Ponts et Chauss. 5,680,800	Art. 4. 1,136,000	Art. 4. Néant.
Art. 5. Harras. 814,000	Art. 5. 162,800	Art. 5. Néant.
Art. 6. Intérêts d'effets blics et de div. créances. 44,856,000	Art. 6. Néant.	Art. 6. Ces créances et ces intérêts n'existent plus, à déduire. 44,856,000
Art. 7. Engagem. à tems vers le clergé. 2,500,000	Art. 7. Néant.	Art. 7. *Idem* 2,500,000
Art. 8. Gages des charges présentant l'intérêt de la ance. 14,729,000	Art. 8. Néant.	Art. 8. *Idem* 14,729,000
Art. 9. Intérêts et frais nticipation. 15,800,000	Art. 9. Néant.	Art. 9. *Idem* 15,800,000
Art. 10. Indemn. à divers. 3,167,000	Art. 10. Néant.	Art. 10. *Idem*. 3,167,000
à reporter. . . 234,467,800 f.	à reporter. . . 94,117,000 f.	à reporter. . . 81,882,000 f.

Suite du Tableau 3e. DÉPENSES.		*Suite du Tableau 4e.* SUPPLÉMENT DE 20 POUR 0/0.		*Suite du Tableau 5e.* EXTINCTIONS ET RÉDUCTIONS.	
De l'autre part. . .	234,467,800 f.	De l'autre part. . .	94,117,000 f.	De l'autre part. . .	81,882,000
Art. 11. Pensions.	29,954,000	Art. 11. Néant.		Art. 11. Suivant le détail sommaire des fonds demandés pour 1817, les pensions civiles, militaires et ecclésiastiques inscrites montent à 22 millions 937 mille 576 f. à déduire 7,016,424 f., ci.	7,016,424
Art. 12. Gages du conseil et traitemens particuliers de la magistrature.	2,815,000	Art. 12. Le Budget de 1817 porte la dépense du Ministre de la justice à 18. millions, ainsi il faut ajouter	15,185,000	Art. 12. Néant.	
Art. 13. Gages, traitem. et gratifications à diverses personnes.	351,000	Art. 13. Néant.		Art. 13. Néant.	
Art. 14. Intendans de provinces et de leurs bureaux.	1,413,000	Art. 14.	282,600	Art. 14. Néant.	
Art. 15. Police de Paris.	1,569,000	Art. 15.	313,800	Art. 15. Néant.	
Art. 16. Maréchaussée de l'île-de-France.	251,000	Art. 16.	50,200	Art. 16. Néant.	
Art. 17. Guet de Paris. .	1,136,000	Art. 17. Néant.		Art. 17. Comme le service est fait par la garde nationale et la garnison, il paraît qu'il faut rayer cet article.	1,136,000
Art. 18. Pavé de Paris.	627,000	Art. 18.	125,400	Art. 18. Néant.	
Art. 19. Travaux dans les carrières sous Paris. . . .	400,000	Art. 19.	80,000	Art. 19. Néant.	
Art. 20. Remises en moins imposé, décharge, non-valeurs et modérations sur les impositions	7,123,000	Art. 20.	1,424,600	Art. 20. Néant.	
Art. 21. Traitemens aux receveurs, fermiers, régisseurs-génér. et autres frais de recouvrement.	19,511,000	Art. 21.	3,902,200 (1)	Art. 21. Néant.	
Art. 22. Administrateurs du Trésor royal, payeurs de rentes, etc.	3,372,000	Art. 22.	674,400	Art. 22. Néant.	
Art. 23. Bureaux de l'administration générale. . .	2,345,000	Art. 23.	469,000	Art. 23. Néant.	
à reporter. . .	305,338,800 f.	à reporter. . .	116,624,200 f.	à reporter. . .	90,034,

(1) *Voyez le n°.* 43.

Suite du Tableau 3e. DÉPENSES.		*Suite du Tableau 4e.* SUPPLÉMENT DE 20 POUR 0/0.		*Suite du Tableau 5e.* EXTINCTIONS ET RÉDUCTIONS.	
Ci-contre. . . .	305,338,800 f.	Ci-contre. . . .	116,624,200 f.	Ci-contre. . . .	90,034,424 f.
Art. 24. Traitemens et dépenses de la caisse du commerce, du département des mines et de la liquidation de l'ancienne compagnie des Indes.	794,000	Art. 24.	158,800	Art. 24. Néant.	
Art. 25. Fonds réservés pour des actes de bienfais.	173,000	Art. 25.	34,600	Art. 25. Néant.	
Art. 26. Secours aux Hollandais réfugiés en France.	829,000	Art. 26. Néant.		Art. 26. Comme il y a apparence que ces secours n'ont plus lieu, je pense qu'il faut supprimer cet article.	829,000
Art. 27. Communautés, maisons religieuses. . . .	2,082,000	Art. 27. Néant.		Art. 27. N'a plus d'objet.	2,082,000
Art. 28. Dons, aumônes, secours, hôpitaux et Enfans-Trouvés.	3,635,000	Art. 28.	727,000	Art. 28. Néant.	
Art. 29. Trav. de charité.	1,911,000	Art. 29.	382,200	Art. 29. Néant.	
Art. 30. Destruction du vagabondage et de la mendicité.	1,144,000	Art. 30.	228,800	Art. 30. Néant.	
Art. 31. Primes et autres encouragemens pour le commerce.	3,862,000	Art. 31.	772,400	Art. 31. Néant.	
Art. 32. Jardin royal des plantes et cabinet d'histoire naturelle.	129,000	Art. 32.	25,800	Art. 32. Néant.	
Art. 33. Bibliothèque du Roi.	159,000	Art. 33.	31,800	Art. 33. Néant.	
Art. 34. Universités, académies, colléges, sciences et arts.	1,004,000	Art. 34.	200,800	Art. 34. Néant.	
Art. 35. Passe-ports en exemption de droits. . . .	400,000	Art. 35. Néant.		Art. 35. Cet art. semble actuellement sans objet. .	400,000
Art. 36. Entretien, réparations et constructions de bâtimens pour la chose publique.	1,874,000	Art. 36.	350,800	Art. 36. Néant.	
à reporter. . .	323,330,000 f.	à reporter. . .	119,537,200 f.	à reporter. . .	93,345,424 f.

Suite du Tableau 3e.

DÉPENSES.

De l'autre part. . . 323,338,000 f.

Art. 37. Divers. dépenses de plantation dans les forêts, etc. 817,000

Art. 38. Dépenses de procédures annuelles et des prisonniers. 3,180,000

Art. 39. Dépenses locales et variables dans les prov. 4,500,000

Art. 40. Dép. imprévues. 5,000,000

Art. 41. Liste civile et maisons des princes. . . . 33,240,000

Art. 42. Rentes viagères et perpétuelles. 161,466,000

Art. 43. Néant.

à reporter. . . 531,533,000 f.

Suite du Tableau 4e.

SUPPLÉMENT DE 20 POUR 0/0.

De l'autre part. . . 119,537,200 f.

Art. 37. 16,400

Art. 38. 636,000

Art. 39. 900,000

Art. 40. 1,000,000

Art. 41. Néant.

Art. 42. Néant.

Art. 43. Aux sommes ci-dessus il faut ajouter 24 millions 300 mille fr.; savoir : 21 millions 500 mille fr. pour les frais du culte, et 2 millions 800 mille fr. pour les dépenses des deux Chambr. 24,300,000

Mais indépendamment des dépenses de perception portées au 8e. tableau ci-après, et montant à 25 millions 228 mille fr.; les préposés des pays d'États recevaient des traitemens particuliers, la Ferme générale se couvrait de ses dépenses sur les droits qui lui étaient affermés, et

à reporter. . . 146,389,600 f.

Suite du Tableau 5e.

EXTINCTIONS ET RÉDUCTIONS.

De l'autre part. . . 93,345,424 f.

Art. 37. Néant.

Art. 38. Néant.

Art. 39. Néant.

Art. 40. Néant.

Art. 41. Néant.

Art. 42. En 1817, suivant le tableau n°. 2, les rentes perpétuelles et viagères, consolidées et inscrites, ne s'élèveront qu'à 95 millions 176 mille 646 fr., dans lesquels sont compris les deux articles de 11 millions qui ne sont pas encore liquidés; ainsi il faut diminuer 66 millions 289 mille 354 fr. sur les 161 millions 466 mille f. de l'autre part, ci. . . . 66,249,354 f.

Art. 43. Néant.

à reporter. . . 159,694,778 f.

Suite du Tableau 3e.	*Suite du Tableau 4e.*	*Suite du Tableau 5e.*
DÉPENSES.	SUPPLÉMENT DE 20 POUR o/o.	EXTINCTIONS ET RÉDUCTIONS.
Ci-contre. . . 531,533,000 f.	Ci-contre. . . 146,389,600 f.	Ci-contre. . . 159,594,778 f.
	la Régie des aides et des droits réunis compensait ses dépenses administratives. Or, pour connaître l'ensemble de ces divers frais, il faut ajouter aux 25 millions 228 mille fr. des articles ci-dessus, 21, 22 et 23, les traitemens payés par les pays d'États à leurs préposés. Ces traitemens étaient de 900 m. livres, indépendamment de 432 mille 866 fr. qui étaient payés par le gouvernement et qui sont compris dans le tableau ci-contre. Plusieurs indices annoncent que les dépenses, les bénéfices de la Ferme générale et les dépenses de la Régie des aides et des droits réunis s'élevaient à 12 millions, ci. . . 12,000,000 Supplément de 20 pour o/o pour cette somme, 2 millions 580 mille fr., ci. . 2,580,000	
Somme égale à celle portée sur les comptes de M. Necker. . . . . 531,533,000 f.	TOTAL des Supplémens. 160,969,600 f.	TOTAL des Extinctions et Réductions. . . . . . 159,594,778 f.

TABLEAU VIe.

Sommes qui étaient autrefois payées par l'Etat, qui sont aujourd'hui à la charge des contribuables, mais qui ne sont pas portées sur les budgets, quoiqu'elles fassent partie du tribut général.

Tableau 9e. Sommes compensées par les régies, avec leurs recettes, 89 millions 652 mille 61 francs, ci.	89,652,061 fr.
L'impot direct s'élève à 399 millions 872 mille 341 fr., comme il est indiqué par le 2e. paragraphe du 7e. tableau; les droits des percepteurs et des receveurs-généraux sont de 5 pour cent, ci.	19,993,617
Octrois, trente millions, ci.	30,000,000
Cinq centimes facultatifs accordés aux conseils-généraux sur le foncier et le personnel.	9,958,781
TOTAL.	149,604,459 fr.

TABLEAU VIIe.

Comparaison du produit des contributions directes et indirectes de 1789 et de 1817.

COTRIBUTIONS DIRECTES.

Avant 1789 les impositions de Paris, des pays d'états, des pays d'élection et des pays conquis, les tailles, la capitation, les dixièmes retenus, les vingtièmes, et tout ce qui composait l'ensemble des contributions appelées aujourd'hui directes, ne donnaient qu'un produit brut de cent quatre-vingts millions cinq cent trente-huit mille livres : sur cette somme, 156 millions

807 mille francs étaient payés par les pays d'élection et par les pays conquis, et 23 millions 731 mille francs par les pays d'états, ci. . . 180,538,000 fr.

En 1817, suivant la demande du Ministre, l'ensemble des contributions directes donnera un produit net de 399 millions 872 mille 341 francs, en y réunissant les cinq centimes facultatifs accordés aux conseils-généraux, et le fonds destiné aux non-valeurs, ci. . . . . 399,872,341 f.

En outre, les contribuables paieront 5 c. par franc, pour les frais de perception. Ces frais ne sont pas portés dans les budgets; mais dans l'ancien système ils étaient à la charge du trésor, ci. . . . . 19,993,617 } 419,865,958 fr.

Premier excédant actuel. . . . . 239,327,958 fr.

DROITS INDIRECTS.

En 1789 une partie des droits indirects était cédée 1°. à la ferme générale, et une autre lui était confiée à titre de régie. Cette ferme et cette régie versaient dans le trésor une somme de 150 millions 107 mille francs, ci. . . 150,107,000 fr.

2°. Les Postes étaient affermées 12 millions, ci. 12,000,000

3°. Les Messageries. 1,100,000

4°. Les droits dans les marchés de Sceaux et de Poissy. 630,000

5°. Les affinages. 120,000

6°. Les droits du Port-Louis. 47,000

7°. L'abonnement des droits des quatre membres de la Flandre maritime. 823,000

8°. Les droits confiés à la régie générale des aides et droits réunis, produisaient cinquante millions deux cent vingt mille fr.; ci. 50,220,000

9°. La régie des domaines et bois, cinquante millions, ci. 50,000,000

Additions à reporter. . . . . 265,047,000 f. . . . 239,327,958 fr.

De l'autre part, excédant actuel en faveur du trésor. . .		239,327,958 fr.
Report.	265,947,000 fr.	
10°. La Régie de la Loterie, quatorze millions, ci.	14,000,000	
11°. Celle des revenus casuels, trois millions, ci.	3,000,000	
12°. Du marc d'or, un million cinq cent mille livres, ci.	1,500,000	
13°. Des poudres et salpêtres, huit cent mille livres, ci.	800,000	
Produit des contributions indirectes avant 1789.	284,347,000 fr.	
Le produit des droits qui remplacent les droits ci-dessus est porté à 370 millions 800 mille fr., sur le budget de 1817, savoir: enregistrement et domaines, 140 millions; bois, 16 millions 400 mille fr.; sels, 35 millions; droits généraux, 40 millions; droits ordinaires, 86 millions; tabacs, 34 millions; postes, 9 millions; Loteries, 8 millions; salines de l'Est, 2 millions 400 mille francs. Total, 370 millions 800 mille francs, ci.	370,800,000 fr.	
Deuxième excédant actuel, en faveur du trésor.	86,453,000 fr.	
Ci.		86,453,000
Total de l'augmentation des impôts directs et indirects, depuis 1789.		325,780,958 fr.

TABLEAU VIII.

Dépenses administratives de 1789 *et de* 1817.

Avant 1789, les dépenses administratives coûtaient 59 millions 277 mille fr. dans lesquels les dépenses des communes et les non-valeurs étaient comprises. (Voir les articles 4, 5, 14, 15, 16, 17, 18, 19, 20, 24, 25, 28, 29, 30,

31, 32, 33, 34, 36, 37, 38, 39, 40 et 42 du troisième tableau.) Cette somme correspond à 71 millions 132 mille 400 fr., à cause de la dépréciation de l'argent, ci. . . . . 71,132,400 fr.

Dépenses administratives suivant le budget de 1817.

Intérieur, service ordinaire, déduction faite des 21 millions 500 mille fr. affectés au clergé, ci	35,600,000	145,140,807
Dépenses départementales	27,800,000	
Dépenses ordinaires du ministère des finances, et cadastre	16,700,000	
Non-valeurs.	15,708,807	
Police	1,200,000	
Frais de négociation.	15,000,000	
Octrois non portés dans les budgets	30,000,000	
Dix pour cent sur les octrois pour le compte du trésor (1)	3,000,000	

Excédant des dépenses administratives actuelles 74,008,407

Indépendamment des dépenses des bureaux de la guerre, de la marine et de la justice qui sont confondues dans les budgets de ces ministères.

TABLEAU IXe.

Frais de perception des droits directs et indirects, anciens et nouveaux.

DROITS DIRECTS.

Les frais de perception des droits directs coûtaient, il y a vingt-sept ans, 41 millions 128 mille fr. Ils sont portés aux articles 21, 22, 23 et 43 du tableau numéroté 4, et représentent la somme de 49 millions 353 mille 600 francs.

Ils coûtent aujourd'hui 109 millions 645 mille 678 francs; savoir: 19 millions 993 mille 617 francs, à raison de 5 centimes par franc, accordés aux percepteurs sur une recette de 399 millions 872 mille 341 francs. (*Voyez le tableau* 7e.) Ci. . . . . 19,993,617 f.

(1) J'ai pensé que les octrois coûtaient 30 millions, parce que j'ai trouvé dans le compte de 1815, de l'administration des contributions indirectes, la somme ci-contre de 3 millions 132 mille francs, annoncée comme formant le dixième de ces droits; mais j'ignore s'il y a des réglemens différens pour la ville de Paris.

Suite du 9e. Tableau.

DROITS INDIRECTS.

Relevé des Comptes de 1815, des diverses Régies.

Produits de l'exercice 1815, versés au trésor.		*Taux des frais.*	*Administration de l'enregistrement et des domaines.*		*Frais.*	
						De l'autre part. 19,993,617 f.
145,248,933 fr.	environ	8, 3, 4 p. o/o.	Dépenses admin.	782,065	13,003,716	
			Frais de Régie..	12,221,651		
			Forêts.			
10,837,122.	environ	40 p. o/o.	Dépenses acquittées par l'administration des domaines.........		4,672,840	
			Contributions indirectes.			
46,788,101	environ	51 12 p. o/o.	Frais généraux de régie soldés et arriérés...	20,001,199	25,319,099	89,652,961
			Remboursemens, affaires contentieuses, débets des comptables, et enlèvement de fonds, etc....	2,132,700		
			Taxations, apuremens de comptes, etc....	3,186,200		
			Tabacs.			
41,328,800	environ	28 p. o/o.	Dépenses administratives.		9,684,900	
			Douanes.			
22,881,640	environ	80 1/2 p. o/o.	Dépenses administratives.		18,630,149	
			Sels.			
46,950,555	environ	10 p. o/o.	Dépenses.........		4,993,829	
			Postes.			
9,036,528	au-delà de	100 p. o/o.	Dépenses.........		10,158,692	
			Loterie.			
7,844,051	environ (1)	40 p. o/o.	Dépenses.........		3,188,836	
			Frais des régies non portés dans les budgets.............			109,645,678
			Frais anc. auxquels j'ai ajouté 20 p. o/o			49,353,600
			Excédant des dépenses actuelles des régies..........			60,292,078

(1) Ces produits ne sont pas d'accord avec ceux du budget de 1817; mais j'ai copié les résultats des comptes de 1815.

Son Excellence le Ministre des Finances a annoncé que le taux des frais de perception était d'environ 19 1/4 pour 0/0. Cette proportion paraît exacte en masse ; mais si l'on calcule séparément les droits directs et les droits personnels à la régie de l'enregistrement, dont les administrations ne coûtent, savoir : la première, que 5 pour 0/0 ; la deuxième, que 8 1/4, on trouve que le taux commun des autres droits est de 40 pour 0/0 moins quelques fractions, et qu'il en est plusieurs qui coûtent 51, 80 et au-delà de 100 pour 0/0, distinction essentielle, afin de reconnaître ceux qui détruisent la fortune publique et individuelle. Avant 1789 les frais de perception des contributions directes et indirectes ne revenaient au gouvernement, aux pays d'états et aux contribuables réunis, qu'à 8 3/4, dans lesquels le gouvernement entrait pour 5 1/2. Dans cette remise, les frais de paiement de toutes les sommes dues par l'Etat étaient compris. Je n'ai pas eu assez de tems pour relever les sommes que les paiemens coûtent dans le système actuel. Il faudrait les ajouter aux 109 millions 647 mille 678 francs ci-dessus : mais tout annonce que c'est un objet très-considérable.

TABLEAU X[e].

Constatant la diminution du produit de toutes les Régies, depuis 1789, l'enregistrement, les bois et les tabacs exceptés.

La régie des domaines et bois produisait autrefois 50 millions bruts, ainsi qu'il est constaté par le VIIe. tableau, ci.	50,000,000 fr.
On a vu par le IXe. qu'en 1815, le produit net versé au trésor par la régie actuelle avait été de 145 millions 248 mille 933 fr., ci.	145,248,933
Excédant donné en 1815, ci.	95,248,933 fr.
Les 900 mille arpens de bois, qui appartenaient autrefois à la Couronne, donnaient un produit de 8 millions. Ces bois et les 1,500 mille arpens que possédait le Clergé ont donné, en 1815, un produit net de 10 millions 837 mille 122 fr. Ainsi, l'augmentation de revenus, donnée par cette masse immense, est de 2 millions 837 mille 122 f.	2,837,122
A reporter.	98,086,055 fr.

D'autre part.	98,086,055 fr.
Les tabacs étaient compris dans le bail de la ferme générale pour 27 millions, auxquels il faut ajouter un supplément de 4 millions que les fermiers étaient à-peu-près obligés de payer. Total 31 millions. Les tabacs sont portés pour 34 millions dans le budget de 1817. Excédant 3 millions, ci.	3,000,000
TOTAL de l'accroissement du produit de l'enregistrement, des bois et des tabacs.	101,086,055 fr.
On a vu néanmoins par le VIIe. Tableau que toutes les régies réunies ne donnaient qu'un produit de 86 millions 453 mille fr. au-delà de 1789; d'où il résulte évidemment que, comme les 101 millions ci-dessus indiqués appartiennent aux trois régies que je viens de citer, les régies des douanes, des droits réunis, des sels, de la loterie et de la poste sont en perte de la différence de 86 millions à 101; c'est-à-dire que, malgré les augmentations de leurs tarifs, elles produisent 14 millions 633 mille 55 fr. de moins qu'en 1789, ci.	14,633,055
A cette première perte, il faut ajouter la différence résultante de la dépréciation de l'argent qui doit être calculée en recette comme en dépense. Or, comme l'ancien produit était de 203 millions 347 mille fr., déduction faite des domaines, des bois et des tabacs, ainsi qu'il est constaté par le VIIe. Tableau, cette seconde perte est de 40 millions 669 mille 400 fr., ci.	40,669,400
TOTAL de la diminution du produit des régies depuis 1789, celles de l'enregistrement, des forêts et du tabac exceptées.	55,302,455 fr.

Il aurait été d'un grand intérêt pour l'histoire de nos finances de prouver que les sources du trésor, les produits du commerce et de l'industrie ont diminué dans la même proportion que les tarifs et les dépenses administratives ont augmenté; de montrer les richesses nationales tombant dans un affaissement absolu, lorsque ces tarifs et ces dépenses dépassèrent toutes mesures. C'était mon projet; mais le peu de tems qui s'est écoulé entre la présentation du budget et l'époque fixée pour la discussion de si grands intérêts, ne m'a pas permis de faire cette recherche.

Toutefois, parmi les preuves qu'il aurait été possible de produire, les sels et les tabacs dont je viens de parler, en fournissent de très-positives, quoique d'une nature opposée.

Du tems de la ferme générale le tabac produisait 31 millions; la livre coûtait alors 3 fr. 10 s. rapée : la consommation était donc de 9 millions de livres. Le tabac produit aujourd'hui 34 millions ; mais comme il vaut 5 fr. 50 c., les 34 millions ne représentent que 6 millions 400 mille livres pesant. Ainsi, la consommation et les jouissances sont diminuées sans nécessité; car, si l'on s'était borné à ajouter un cinquième au prix ancien, comme à tous les autres droits, à cause de la dépréciation des espèces, la consommation n'aurait éprouvé aucune diminution; peut-être même le trésor recevrait-il une somme au-dessus de celle de 1789, parce que l'augmentation étant dans la proportion générale, n'aurait pas éloigné les consommateurs.

La preuve tirée du sel, étant dans un sens inverse, ajoute à la première.

Sous les dénominations de grandes, de petites gabelles et de gabelles locales, les sels faisaient partie du bail de la ferme générale pour 58 millions 560 mille livres; ils valaient 10 s. prix moyen dans toute la France; la consommation était donc de 119 millions 120 mille livres pesant. Le sel vaut aujourd'hui 5 s.; en 1815, son produit net a été de 46 millions 950 mille 555 fr. (*V. le IXe Tab.*) En outre, les salines de l'Est ont versé au trésor une somme nette de 2 millions 927 mille 330 fr. (*Voyez le compte de cette administration.*) Total 49 millions 877 mille 885 fr. représentant 199 millions 511 mille 440 livres pesant et un accroissement de consommation de 82 millions 391 mille livres. Il est vrai que le trésor semble perdre près de 8 millions; mais si l'on met en ligne de compte les évènemens de 1815 et la détresse actuelle, on se persuadera qu'il est facile de concilier les intérêts du trésor avec ceux des peuples.

On ne sera pas étonné de l'augmentation du produit de la régie de l'enregistrement, si on fait attention qu'elle est modelée sur l'ancien système, et chargée de percevoir des droits qu'il est impossible d'éviter dans les circonstances les plus importantes de la vie, et que les droits actuels n'ont aucun rapport avec les droits anciens.

TABLEAU XIe.

Ce tableau a pour objet d'indiquer l'excédant d'impôt de 1789 à 1817, et l'emploi d'une grande partie de cet excédant, par conséquent les dépenses ordinaires susceptibles de réduction.

Recettes ordinaires avant 1789.		531,533,000
Recette ordinaire de 1817	774,004,803	937,899,416
Recette à recevoir de l'emprunt projeté.	14,290,154	
Tableau 6e. Dépenses non portées dans les budgets, et auxquelles on a réuni les octrois, mais non compris l'erreur présumée et relative aux dégrèvemens et non-valeurs.	149,604,459	
Excédant en 1817		406,366,416

Emploi d'une grande partie de cette somme.

Résultat du 8e. *tableau.* Excédant actuel des dépenses administratives. .	74,008,407
Résultat du 9e. *tableau.* Excédant actuel des frais de perception et des dépenses des régies	60,292,078
Guerre. Article second du IIIe. tableau. Les 64 millions 900 fr. de traitemens de retraite, de réformes, les demi-soldes et le remplacement du matériel de l'armée déduit, l'excédant actuel est de 93 millious 90 mille 800 francs déduit, ci.	84,718,200
Octrois.	30,000,000
Fonds d'amortissement	40,000,003
Frais de négociation, dépense inconnue avant 1789	15,000,000

TABLEAU XIIe.

Erreurs présumées dans le budget de 1817.

Budget de 1817. Impôts et revenus.	774,004,803
Soulte à prendre dans l'emprunt projeté.	14,290,154
6e. Tableau. Octrois compris, mais sauf la vérification relative aux non-valeurs.	149,604,459
TOTAL.	937,899,416

Première erreur présumée.

Les frais de perception et les dépenses des communes, payés aujourd'hui par les contribuables, étaient autrefois acquittés par l'Etat. S'ils faisaient partie des budgets, ils porteraient les recettes et dépenses ordinaires de 1817 à 937 millions 899 mille 416 francs, non compris les obligations contractées envers les puissances étrangères.

Seconde. Son Excellence le Ministre des Finances a annoncé dans son rapport qu'il porterait les fonds de non-valeurs en recette et en dépense ; mais, après les avoir déduits de la recette, il les a compris dans la dépense. C'est un double emploi échappé à l'attention de la personne qui a été chargée de rédiger le budget, et sans doute il est difficile de ne pas commettre d'erreurs, lorsqu'il faut renfermer une immensité de calculs dans un cercle extrêmement circonscrit ; mais cette erreur étant de 15 millions 700 mille fr., diminue d'une somme importante les fonds nécessaires pour 1817.

Troisième. Dette publique (arrérages des exercices 1814 et antérieurs). Si ces arrérages appartiennent à des rentes inscrites avant 1814, ils forment des débets dont les paiemens seront compensés par les débets de l'exercice courant et des exercices antérieurs ; car dans une masse aussi considérable de rentes et de pensions, il est impossible qu'il n'y ait pas toujours quelques parties en retard. Il semblerait donc inutile de faire des fonds pour des arriérés de cette nature.

Quatrième. Détail sommaire des fonds demandés pour la dette publique. Inscription de garantie pour la liquidation des créances étrangères, 7 millions. Il semble que lorsque la dette est payée, le gage doit rester intact. Effectivement, par le dernier article du budget de dépense, 6 millions sont demandés pour les intérets des créances étrangères.

Cinquième. Dans le même détail sommaire, 6 millions sont portés en dépense pour le crédit en rentes, ouvert par la loi du 28 avril. Mais l'art. 36 du projet de loi joint au budget, dit : « L'autorisation d'inscrire 6 millions de rentes, accordée par l'article 120 de la loi du 28 avril 1816, est annullée. » Par conséquent, il semblerait qu'il n'y aurait pas de fonds à faire en 1817 pour cet objet qui est censé n'avoir jamais existé. Si mon doute est fondé, il faudrait encore déduire ces six millions des fonds nécessaires pour le service de l'année.

Il est démontré par ces divers tableaux :

1°. Que, nonobstant les obligations contractées envers les Puissances étrangères, notre dette est inférieure de 2 milliards 655 millions 896 mille 560 fr. à la dette antérieure à 1789;

2°. Que beaucoup d'autres réductions et extinctions dans les dépenses ordinaires antérieures à 1789 ayant eu également lieu par suite des évènemens, notre situation financière serait la même qu'à cette époque, si le système administratif et de perception n'était pas changé, puisque les diverses réductions et extinctions dans la dette et dans les dépenses anciennes compensent les dépenses nouvelles, telles que les traitemens du Clergé, de la Magistrature, des Chambres et les supplémens de 20 p. o/o qu'il faut ajouter aux traitemens anciens à cause de la dépréciation des espèces;

3°. Que, quoique les divers tarifs aient été considérablement augmentés, le produit des régies, l'enregistrement, les bois et les tabacs exceptés, est diminué de 55 millions 302 mille 455 fr. sous le rapport numérique et sous celui de la dépréciation des valeurs;

4°. Que cette diminution des sources du trésor a forcé à augmenter, sans mesure, les droits; que cette nouvelle augmentation a entièrement paralysé les richesses nationales;

5°. Que, comme le tribut se compose de tout ce qui est prélevé sur les contribuables, soit qu'il soit versé dans le trésor ou acquitté pour lui, la somme payée en 1817, tant pour l'impôt que pour ses accessoires, s'éléverait réellement à 937 millions 899 mille 416 fr., si le project de budget était accepté. (*Voir le X*e. *Tableau.*)

6°. Que la différence entre cette somme et celle de 531,533,000 fr., qui était nécessaire pour les dépenses antérieures à 1789, serait de 406 millions 366 mille 416 fr.; que, dans le système actuel, elle serait presque entièrement absorbée par les dépenses des administrations, des régies et du département de la guerre;

7°. Que, cependant, il serait possible, si l'ancien système était rétabli, d'employer sur cet excédant 300 millions au paiement du second 5e. des obligations étrangères, et d'anticiper avec le surplus une partie du troisième 5e., échéant en 1818;

8o. Que cet excédant de tribut, si douloureusement recueilli, mais si bien employé, rendrait inutile le développement de plusieurs milliards proposé pour l'acquittement des 880 millions de la dette extraordinaire, et nous préserverait des risques et des pertes incalculables auxquels il pourrait donner lieu.

J'espère prouver actuellement qu'en profitant des circonstances où nous sommes, quelque déplorables qu'elles soient, on pourrait obtenir en 1817 et 1818 une économie de 59 millions 59 mille 248 fr. sur le système de 1789.

Observations sur le Département de la Guerre.

Suivant le rapport fait à Sa Majesté par Son Excellence le Ministre de la Guerre, il paraît que la cause des dépenses extraordinaires de ce département se trouve dans le renouvellement du matériel de l'armée, les traitemens de réforme, de retraite, les demi-soldes, un trop nombreux état-major en activité. Les dépenses ordinaires (on le sait) se circonscrivent dans l'entretien de l'armée.

Dans mon Ier. Tableau, j'ai classé le renouvellement du matériel parmi les dépenses temporaires, et je l'ai évalué à 25 millions. Le Ministre a fixé à 65 millions les soldes résultantes de la réforme. J'évalue à 6 millions 850 mille fr. l'excédant de l'état-major dont la solde entière est de 13 millions 700 mille fr. Il nous reste à apprécier les dépenses de l'armée. Avant 1789, nous avions en tems de paix 250 mille hommes sous les armes. Suivant les comptes de M. Necker, ils coûtaient 99 millions 91 mille fr. représentant 118 millions 909 mille 240 fr. Nous n'avons pas 50 mille hommes de troupes, si l'on en croit l'opinion publique : la moyenne proportionnelle serait 24 millions, ci. . . . . 24,000,000 fr.

Traitemens de réforme ci-dessus.	65.000,000
Excédant de l'état-major.	6,840,000
TOTAL.	95,840,000 fr.
La somme autrefois employée représente 118 millions 909 mille 240 fr., ci.	118,909,240
Economie.	23,059,248 fr.

Je fais observer, sous d'autres rapports, que notre sûreté intérieure est gratuitement protégée par la garde nationale, dont le service, impossible à calculer comme impôt, représente parfaitement le service personnel auquel nos ancêtres étaient obligés avant qu'il y eût une force militaire soldée : que notre sûreté extérieure repose, comme en 1816, sur la foi des traités, et, si elle pouvait être menacée, sur le courage éprouvé de la nation. Nous n'avons donc besoin que de simples cadres disposés pour recevoir tous les Français en état de porter les armes.

Pour la marine, j'invoque le ministère du modeste cardinal De Fleury. Sans avoir armé de vaisseaux, ce Ministre, auquel on ne rend pas assez de justice, sut rendre l'activité au commerce, conserva les Colonies, que nous avons perdues depuis. Lorsqu'elles étaient en notre pouvoir, et que les ports de la France étaient remplis des flottes qui avaient glorieusement soutenu l'honneur de notre pavillon, pendant la guerre de l'indépendance, les constructions nouvelles, les radoubs, l'entretien, les réparations d'environ 1400 bâtimens, l'artillerie au complet, l'armement des divers corps et les dépenses de toutes natures ne coûtaient que 30 millions correspondans à 37 millions 500 mille fr. Il nous est plus nécessaire que jamais d'écarter tout sujet de jalousie : il est d'ailleurs incertain si la situation actuelle de l'Europe, et les évènemens qui se préparent dans le Nouveau-Monde, nous laisseront un grand intérêt de remplir à-la-fois le rôle de puissance territoriale et de puissance maritime ; enfin, l'objet exclusif de toutes nos pensées, de tous nos sacrifices devant être de réunir le plus de capitaux qu'il nous sera possible, pour les consacrer uniquement à l'acquisition de notre indépendance, serait-il indiscret de présumer que, jusqu'à ce que nous y soyons parvenus, 20 millions suffiraient annuellement pour faire des approvisionnemens et entretenir la quantité de vaisseaux nécessaires à la sûreté de nos côtes? Comme Son Excellence le Ministre de la Marine a porté à 50 millions 570 mille fr. la dépense de ce département, on obtiendrait une économie de 30 millions.

Pour les dépenses judiciaires, je me borne à faire remarquer que le rapprochement des tribunaux est sans doute un bienfait ; mais que la France pauvre, écrasée de charges, privée de ses ressources intérieures qui sont paralysées par les impôts et par le défaut de consommation, forcée d'acheter son indépendance, ne peut plus sacrifier aux convenances individuelles comme au tems de sa prospérité. Il y a, dit-on, des tribunauxqui ne jugent pas deux cents affaires chaque année.

Je pourrais étendre ces considérations sur des dépenses d'une autre nature.

S'il est reconnu en principe : *Que celui qui vote l'impôt a le droit de ne le fournir que jusqu'à la concurrence de ce qui est indispensable*, la réforme du système actuel de finance ne peut pas éprouver la plus légère contradiction. La perception coûte 109 millions 645 mille 678 francs ; elle ne coûtait que 41 millions 128 mille fr. correspondans à 49 millions 353 mille 600 fr. Cependant il est possible de percevoir les impôts en 1817, de même qu'on les percevait il y a 27 ans, en ajoutant la différence des valeurs.

Comme il m'a été impossible de rechercher toutes les causes de l'augmentation des dépenses administratives, je me borne à faire observer qu'en 1789 elles ne revenaient qu'à 59 millions 277 mille fr., dans lesquels les non-valeurs et les dépenses des communes étaient comprises. Cette somme représente celle de 71 millions 132 mille fr. Elles coûtent aujourd'hui, avec les octrois, 145 millions 140 mille 807 francs. Mais les intendans étaient moins nombreux que les préfets ; leurs traitemens comme intendans et comme membres du conseil, n'excédaient pas 1 million 915 mille francs ; des subdélégués avec des appointemens fort modiques, sans être entourés de bureaux, remplissaient les fonctions confiées depuis aux sous-préfets : celles-ci doivent être beaucoup moins compliquées depuis qu'il n'est plus question d'appeler chaque année la jeunesse française sous les armes, ni de renouveler les dispositions que ces levées exigent.

Tous les rapprochemens que j'ai faits, toutes les démonstrations que j'ai présentées, ont pour objet de réduire, à ces termes, l'une des questions les plus importantes qu'il soit possible de discuter. Le système actuel d'administration et de perception absorbe, depuis plusieurs années, les moyens qui servaient à développer les richesses nationales ; il force, au moment de la détresse, de recourir à des ressources éventuelles. Doit-il être l'objet d'une réforme devenue indispensable, ou, pour le conserver, doit-on compromettre l'existence politique de la France ?

Tout le monde sait que ce système a été imaginé par le conquérant, afin de concentrer autour de lui tous les intérêts ; d'entretenir, dans son empire immense, l'action et la réaction perpétuelles de son pouvoir. Il lui servait encore à déguiser une partie des trésors amoncelés, pour assurer l'exécution de ses projets sans bornes. Il ne lui fallait donc que des administrateurs et des soldats ? Que lui importaient d'ailleurs la fortune publique, les richesses nationales ? Ne se croyait-il pas certain d'obtenir à la pointe de l'épée, ce qui aurait manqué à ses calculs ? De là ces décrets qui ruinaient le commerce, la propriété, qu'il fallait néanmoins exécuter, comme au coup de tambour, de Rome à Riga, de Hambourg aux Pyrennées. D'autres malheurs résultaient de ce système. Dans une infinité de circonstances, la fortune particulière était livrée aux bureaux; parce que les Ministres avaient tout au plus le tems de signer les décisions qui avaient été préparées. Loin de moi la pensée qu'il s'y soit jamais rien fait contre l'honneur, mais enfin ces décisions étaient empreintes de l'esprit de fiscalité, et sous l'influence de la direction suprême. Quelle différence avec l'indépendance réelle et morale dans laquelle la Loi constitutionnelle place les Magistrats? La raison d'État a exigé que l'armée fût licenciée, quoiqu'elle se fût couverte de gloire; la protection due à la fortune publique et individuelle, commande la réforme du système administratif et financier (1).

On vient de voir qu'il serait possible d'obtenir une seconde économie de 23 millions 59 mille 248 fr. sur le département de la guerre; de 30 millions sur la marine; de 6 millions sur la justice; total : 59 millions 59 mille 248 fr., portés à 64 millions 59 mille 248 fr., par l'abandon de Sa Majesté et des Princes. Les dépenses ordinaires de 1817, seraient donc réduites à 472 millions 473 mille 592 fr, non-valeurs, dépenses des communes et frais de perception compris.

Voici cet état :

Dépenses ordinaires.	472,473,592 fr.
Le second 5ème. sur les 700 millions.	140,000,000
Dépense de l'armée d'occupation.	160,000,000
A-compte sur le troisième 5ème. des 700 millions. . . .	120,000,000
Paiement des intérêts de l'arriéré portés au détail sommaire de la dette publique.	14,623,355
A-compte sur le remplacement du matériel de l'armée.	12,000,000
TOTAL.	919,096,947 fr.
Somme à recevoir suivant le tableau XIème., en déduisant les 14 millions, 290 mille, 154 fr. de l'emprunt projeté, 937 millions 899 mille 416 francs, ci. . .	923,609,264 fr.

La France aurait l'espoir d'être incessamment rendue à ses premières destinées, si les réformes que je viens d'indiquer et l'ajournement de toutes grâces

(1) L'armée licenciée s'est fondue dans la société. La portion des richesses nationales offerte aux arts, au commerce, à l'agriculture, est immense : chacun peut y rencontrer la fortune, sans peser sur son pays.

répandaient l'heureuse conviction, que le Gouvernement et les Chambres, uniquement occupés du soin de recouvrer notre indépendance, et de cimenter nos sages libertés; avares des sacrifices dont le tribut se compose, ne les prolongent momentanément, que parce que l'emploi des ressources nationales peut seul assurer notre affranchissement. C'est alors que, suivant l'exemple si récent des peuples de l'Autriche et de la Prusse, on verrait déposer sur l'Autel de la Patrie, l'offrande même de la veuve, de la mère infortunées, du pauvre, et les superfluités auxquelles le riche attachait ses jouissances. C'est alors surtout que chacun montrerait la fermeté et l'énergie que ne manque jamais d'inspirer un commun malheur. Il est digne des Représentans français de donner un caractère national à notre affranchissement. 420 millions qui resteraient dûs au commencement de 1818, sur les obligations contractées envers les Puissances étrangères, ne seraient pas supérieurs aux efforts des capitalistes, devenus moins ombrageux, et de cette classe si nombreuse de propriétaires, dont l'intérêt est en parfaite harmonie avec les principes du Gouvernement. Que si cet espoir, fondé sur notre amour connu pour la Patrie, ne se réalisait pas, les seuls revenus publics, réduits cette année à 600 millions, mais aidés de l'aliénation de quelques portions de bois, et d'autres ressources offertes par le retour au système de 1789, suffiraient pour anticiper, à la fin des six premiers mois de 1818, le paiement entier de nos tributs.

Voici quelles seraient les dépenses et les moyens.

Dépenses et Moyens de 1818.

Pour le service des dépenses ordinaires, 472 millions 473 mille 753 fr. comme en 1817, ci.	472,473,753 fr.
Somme restante due sur les 700 millions	300,000,000
Armée d'occupation (1).	160,000,000
Solde du remplacement du matériel de l'armée. . . .	13,000,000
Intérêts des 400 millions de l'arriéré.	20,000,000
TOTAL	965,473,753 fr.

(1) Si on parvenait à solder les obligations étrangères pendant les six premiers mois de 1818, leurs troupes se retireraient vraisemblablement aussitôt, et l'on obtiendrait une économie de 80 millions sur les 160 dont il s'agit dans cet article.

Recette.

Impôts et autres revenus.	600,000,000 fr.	970,000,000 fr.
300 millions provenans de l'aliénation de différentes parties de forêts.	300,000,000	
Cautionnement des compagnies qui seraient chargées de la perception des droits indirects.	70,000,000	

Un grand nombre de personnes ont présenté la vente de quelques portions des forêts de l'État, comme une calamité publique. Sans doute, l'aliénation de biens-fonds, quelle qu'en soit la nature, est toujours un malheur, mais un malheur dont l'importance est subordonnée au plus ou moins d'avantages que présente l'objet vendu et à l'emploi plus ou moins heureux du prix. Ainsi l'Etat, comme le particulier, qui sacrifie ses propriétés à de vaines fantaisies, court à sa ruine, tandis qu'il la peut prévenir, au contraire, par une aliénation sage, et dont le motif immédiat est de conserver ce qu'il a de plus précieux. Ces conditions se rencontrent textuellement dans la vente de 270 mille à 300 mille hectares de bois. Le produit inférieur à celui que les propriétaires particuliers retirent des biens de même nature, annonce assez que ce genre de propriété présente peu d'avantage, et que l'administration en est fort coûteuse (1). Le prix sera employé, non pas à libérer la France de quelques hypothèques, mais à affranchir son territoire du joug étranger. Le Gouvernement conservera à sa disposition plus de six millions d'arpens, dont 2 millions qui lui appartiendraient, et 4 millions aux communes et aux établissemens publics. Il n'avait que 900 mille arpens de bois, lorsqu'il créa ces flottes qui combattirent si vaillament pour la liberté des mers. Beaucoup moins riches en forêts, les Anglais en destinent des portions pour remplacer les bois étrangers dans le cas où ils viendraient à leur manquer.

(1) Avant 1789, les bois de la Couronne formaient un ensemble de 900 mille arpens; ils donnaient un produit net de 8 millions. Les bois qui ont appartenu au Clergé les ont augmentés de 1500 mille arpens, c'est-à-dire, de deux tiers, le prix est accru de moitié. Néanmoins, suivant le tableau IX°., le produit net versé en 1815 par l'administration forestière, n'a été que de 10 millions 837 mille 122 francs, tandis que dans la proportion de l'accroissement de valeur et de superficie, il aurait dû s'élever à 30 millions.

Ces réserves sont si respectées, que les arbres tombent affaissés sous le poids des siècles. Croit-on néanmoins qu'ils hésitassent à en disposer dans la situation où nous sommes? Ils penseraient, avec raison, que le salut général devant l'emporter sur toute autre considération, il ne serait pas sage de l'abandonner à des mesures éventuelles, dans l'espoir de conserver une fraction imperceptible dans l'ensemble.

On a dit aussi que les forêts seraient vendues pour la valeur de la superficie et dévastées. A l'appui de cette assertion, on a cité les aliénations qui ont eu lieu depuis dix-huit mois et plus anciennement encore. Mais peut-on comparer l'ordre et la confusion ; la sécurité ou l'inquiétude qu'inspirent un Etat dont les finances sont bien ou mal administrées? Voyez les biens nationaux! Pour un spéculateur qui a abusé, vous trouverez cinq cents chefs de famille qui, regardant leurs acquisitions comme inviolables, les ont couvertes de manufactures, et en ont quadruplé la valeur.

D'autre part, 250 à 300 millions d'obligations contractées par les acquéreurs et qui réuniraient au caractère d'effets au porteur la transmission absolue des droits de l'Etat (1), vivifieraient le commerce, l'industrie, remplaceraient les fonds que les circonstances obligent d'envoyer au dehors, et en faciliteraient le retour.

Une somme de 70 millions demandée à titre de cautionnement aux nouvelles compagnies financières, instituées à l'instar des anciennes, ne m'a pas semblé exagérée. Les fonds d'avance, fournis par celles-ci montaient à plus de 150 millions. Les fermiers, les receveurs-généraux, les gardes du trésor faisaient en outre, sur leur crédit, des avances qui s'élevaient à 2 et 300 millions. Ils recevaient un intérêt de 5 pour 0/0 pour leurs cautionnemens, et de 5 1/2 à 6 pour le surplus.

En 1819, le produit des impôts et des autres revenus serait réduit à 550 millions. Les 102 millions excédans les dépenses ordinaires de 1817 et 1818, seraient affectés aux intérêts des nouveaux cautionnemens, jusqu'à la concurrence de 3 millions 500 mille francs; au département de la guerre, à celui de la marine, si on jugeait nécessaire de lui donner de plus grands moyens, aux monumens, aux travaux d'utilité publique, et à l'encouragement des sciences, des arts et de l'industrie. Alors le compte financier de la révolution serait clos avec

(1) Condition qui serait nécessaire, afin qu'ils eussent sur place la valeur de l'or et de l'argent.

le bénéfice net, 1°. : de plus d'un million d'arpens de bois qui appartenaient au Clergé; 2°. des 56 millions 239 mille francs du *déficit* antérieur à 1789; 3°. de 87 millions 300 mille 600 francs, représentant, avec les 19 millions que j'ai ajoutés à l'ancien impôt, à partir de 1819, la dépréciation des espèces, qui est de 106 millions 306 mille 600 fr., sous le rapport du revenu de 1789;

4°. Des 45 millions 539 mille 057 francs, dont la contribution aurait été augmentée à cette même époque, s'il n'y avait pas eu de privilèges. (*Voyez* le XIVe. tableau ci-après). D'autre part, les extinctions qui surviendraient chaque année dans une masse de 108 millions 44 mille 716 francs de charges viagères, seraient spécialement affectées à la guerre, si nous étions forcés d'y penser: pendant la paix, au remboursement de la dette perpétuelle inscrite.

TABLEAU XIIIe.

Charges viagères.

Traitemens de réforme, de de retraite et demi-soldes 64 millions, ci.	64,000,000 fr.
Excédant de l'état-major.	6,500,000
Pensions inscrites et non inscrites.	24,144,716
Rentes viagères.	13,400,000
TOTAL.	108 044,716 fr.

Il est évident qu'en employant à des remboursemens les extinctions annuelles qui se feraient dans cette masse, la dette perpétuelle, suivant les simples lois de la nature, serait amortie en entier avant vingt-cinq ans, si nous étions assez heureux pour conserver la paix; que les dépenses ordinaires diminuant en proportion des amortissemens et des extinctions, l'impôt pourrait être successivement et définitivement ramené à une somme de 380 millions, égale à-peu-près à l'impôt qui existait au commencement du siècle dernier; qu'on verrait se former de toutes parts de précieuses réserves, inépuisables trésors que la sagesse du gouvernement sait toujours apprécier; enfin que la France, quoiqu'elle ait été accablée sous le poids de ses triomphes et qu'elle soit assaillie de fléaux, pourrait, par une sage économie et avec ses seules ressources, renaître encore au bonheur et à la prospérité.

Observations sur le projet d'emprunt.

Le 1er. janvier 1817, notre dette envers l'étranger était de 560 millions; 320 millions étaient nécessaires pour l'armée d'occupation; total 880 millions, ou 905 millions, en ajoutant 25 millions pour le matériel de l'armée. Examinons le mode de remboursement proposé. En 1817, comme je l'ai déjà dit, un emprunt de 30 millions de rentes à 40 pour °/₀ de perte au moins; de 21 millions 800 mille fr. en 1818; de 21 millions 100 mille fr. en 1819; de 22 millions 900 mille fr. en 1820, représentans au denier 20 un capital d'un milliard 916 millions; 100 millions à recevoir des portions de forêts qui seraient vendues; 580 millions à verser par le trésor à la caisse d'amortissement, à dater de 1816 jusques et compris 1830, à raison de 40 millions par année: total 2 milliards 596 millions: en outre, le tribut actuel subsisterait jusqu'en 1821. Que de reviremens, que d'emprunts, que d'impôts pour solder en cinq années une dette de 880 ou de 905 millions, desquels plus des deux tiers devront être définitivement payés par les impôts et des ventes!

Il est évident que sans emprunter, sans courir de chances et sans exposer l'Etat à aucune perte, on parviendrait au but que l'on se propose d'atteindre, en rendant disponibles les 580 millions qui devront être fournis par le trésor jusqu'en 1830, les 100 millions qu'on attend des ventes, et en se procurant par des économies et par d'autres moyens, les 200 millions qui manqueraient pour consommer la dette. Ces moyens, extrêmement simples, semblent se présenter en foule: aliénations temporaires, augmentation des ventes de bois, obligations des acquéreurs converties en effets aux porteurs, et investies de la transmission de tous les droits de l'Etat; économies sur 1817 et 1818.

Réduit à ces termes, le plan serait vicieux sans doute, puisque n'étant pas accompagné de réformes, il laisserait la France surchargée d'impôts, et les ressources nationales dans l'état de misère où elles sont plongées; mais enfin nous ne nous exposerions point à un concours de chances trop hasardées; nous n'ajouterions point à notre dette la perte de capitaux immenses, d'énormes intérêts; considération importante, nous ne devrions qu'à nous seuls notre affranchissement; nous l'obtiendrions en 1818.

On cite l'exemple d'un peuple voisin chez lequel les emprunts avec des fonds spécialement destinés aux amortissemens, ont le plus grand succès; mais ce peuple a besoin de capitaux incalculables pour un commerce qui n'a d'autres limites que celles de l'univers. Une partie de ses papiers publics sert à exploiter ce commerce, l'autre à alimenter le trésor et à payer des intérêts qui s'élèvent à 800 millions. Rendus de cette manière à la circulation, sous la dénomination de 3, de 3 1/2 p. 0/0, ils acquittent les droits sur la consommation, sur lesquels la plus grande partie des impôts est assise. Les amortissemens des papiers usés par le tems, et immédiatement remplacés par d'autres émissions, ne sont donc qu'un revirement fictif qui repose sur les besoins immenses du commerce et du trésor, c'est-à-dire sur l'intérêt général, au lieu que la langueur funeste à laquelle les ressources de la France sont réduites frapperait de mort la moindre portion des effets qui ont en Angleterre la valeur de l'or et de l'argent. Mais quelle dette incalculable, quel gouffre, dans quelles circonstances, si des espérances trompées et de nouveaux besoins impérieux, la guerre parexemple, qu'on semble n'avoir pas même prévue pendant la longue période de quatorze années, forçaient à une époque quelconque d'employer à la défense de l'Etat les fonds destinés aux amortissemens, comme il est souvent arrivé en Angleterre! Si le plan échouait dès son principe! L'intervalle de 1821 à 1830 serait le plus critique, parce qu'à la première époque la dette se trouvant portée à 237 millions 200 mille fr. (1), et le jeu de l'amortissement devant avoir son effet principal pendant ces 9 années, des évènemens tels que ceux que je viens de faire pressentir, nous laisseraient pour jamais chargés d'une dette hors de toute proportion avec la fortune nationale ; et dans l'obligation d'ajouter des séries d'effets à des séries d'emprunts! Mais, au milieu de ces combinaisons qui sont de nature à ébranler les empires, lorsqu'elles ne sont pas justifiées par le succès, je cherche en vain comment une nouvelle masse de rentes créées pour payer un tribut imposé par l'étranger et qu'il faut réaliser chez lui, pourrait vivifier les trois branches des richesses nationales, sans lesquelles il est impossible d'avoir une circulation active. Je n'aperçois que 880 millions transportés hors de France, l'accroissement proportionnel de la langueur qui paralyse nos ressources, et, dans les nouvelles émissions comme dans les moyens d'amortissemens eux-mêmes, que la nécessité d'un nouvel impôt de 135 millions, impossible à asseoir.

Si nos embarras ne sont que trop attestés par des contributions qui excédent nos facultés, mais insuffisantes pour les dépenses ; si le sort des effets publics et des emprunts qui se sont succédé depuis le système jusqu'à la réduction des deux tiers, pèsent sur notre crédit intérieur et extérieur ; si la plus simple

(1) Voyez, dans le rapport au Roi, l'aperçu des recettes et des dépenses des années 1818, 1819, 1820 et 1821.

réflexion indique qu'il serait dangereux de donner trop de confiance aux capitalistes de notre éternelle rivale, plus dangereux de la voir maîtresse de notre cours, le diriger suivant les combinaisons de son intérêt, et, à la première mésintelligence, nous préparer peut-être une horrible catastrophe, sachons suivre l'exemple de l'immortel Sully. Lorsque ce grand homme se chargea de l'administration des finances (1), les impôts ne produisaient pas 30 millions; les dettes s'élevaient à 330 millions; c'est-à-dire à onze années du revenu; il n'y avait pas un écu dans le trésor. Lors de la prise d'Amiens, le roi manquait de tout, disent les historiens du tems; il n'avait pas un régiment à sa disposition, un cheval dans ses écuries; la misère des peuples était extrême. Pour remédier à tant de maux, le premier soin de Sully fut d'encourager l'agriculture par la remise des contributions arriérées, par la diminution des divers tarifs, et par celle des rouages administratifs; d'établir une juste proportion entre les dépenses ordinaires et les facultés des contribuables, d'éloigner les traitans; les sous-traitans et leurs commis, qu'il appelait des sangsues publiques. Les autres abus furent poursuivis avec une infatigable activité. Tout fut soumis à une économie dont on aurait rougi sous les règnes précédens. Néanmoins quelques années suffirent à Sully pour répandre dans tout le royaume une aisance générale. Les dettes furent remboursées, les grandes routes, les places fortes réparées; un grand nombre de bâtimens publics élevés; les magasins, les arsenaux remplis; les joyaux de la couronne dégagés et augmentés; 30 millions placés en réserve à la Bastille; 175 autres qu'il venait de mettre à la disposition de Henri, lorsque ce prince succomba sous le fer d'un infâme assassin : tels furent les heureux fruits de la sage administration de Sully; ils sont autant de monumens élevés à son éternelle gloire. Les moyens qu'il a adoptés il y a deux siècles offrirent les plus heureux résultats : pourquoi, en imitant ce grand homme, n'en obtiendrions-nous pas de plus heureux encore, puisque notre dette n'égale pas même une année du revenu public, et que nos ressources sont incomparablement plus étendues?

TABLEAU XIVe.

Impôt Direct.

OBSERVATIONS SUR L'IMPOT DIRECT.

Pour reconnaître jusqu'à quel point les impositions directes sont excessives,

(1) Mémoires de Sully.

il suffit d'en faire le rapprochement avec celles de 1789, époque à laquelle les privilégiés étaient l'objet des plaintes du peuple.

La taille, les impositions accessoires des pays d'élection et des pays conquis produisaient 72 millions 810 mille 690 francs, ci. 72,810,690 f.

Le premier et le deuxième vingtièmes, 41 millions 821 mille 264 francs, ci. . . . . 41,821,264 } 140,337,954 f.

Les impositions des pays d'états, 25 millions 706 mille 009 francs, ci. 25,706,009

La capitation et les quatre sous pour livre, aujourd'hui remplacés par les contributions mobilière, personnelle et par les portes et fenêtres, 41 millions 818 mille 276 francs, (voir les Comptes de M. Necker) ci. . . . . 41,818,276 fr.

TOTAL. . . . 182,156,230 fr.

Les exemptions des nobles portaient sur la taille personnelle; le clergé, en outre, était exempt des vingtièmes. Quoique ces privilégiés fussent propriétaires du tiers des biens du royaume, on n'a jamais évalué leurs exemptions au-delà du quart de l'impôt foncier, leurs fermiers étant assujétis à la taille. Or le quart des 182 millions 156 mille 230 francs ci-dessus donne 45 millions 539 mille 057 francs, ci. . . . . 45,539,057 fr.

On peut donc évaluer à cette somme le tribut qui aurait été assis, il y a vingt-sept ans, sur toutes les propriétés foncières françaises, s'il n'y avait pas eu de privilèges.

Depuis 1789 le perfectionnement de l'agriculture, l'abolition de la dîme ont augmenté les bénéfices réels et les baux; d'autre part, la diminution de la valeur des espèces a concouru à leur donner une augmentation fictive : or, ces accroissemens, évalués par tout le monde à un tiers, devant à l'Etat un accroissement de tribut proportionnel, auraient fourni un supplément de 75 millions 895 mille 095 francs, si les 227 millions 695 mille 286 francs ci-dessus n'avaient été assis que sur des fonds de terre; mais comme 15 millions environ appartenaient à l'impôt des maisons et des usines,

A reporter. . . . 227,695,287 fr.

De l'autre part. . . . . 227,695,287 fr.

lesquelles, au lieu d'augmenter, ont diminué de valeur et de produit, non seulement il ne faut calculer l'accroissement que sur une somme de 212 millions 695 mille 287 fr., mais encore diminuer d'un quart l'ancienne imposition des maisons et des usines, ce qui réduit l'augmentation définitive à 70 millions 481 mille 666 francs, ci 70,481,666

TOTAL. . . . 298,176,953 fr.

Suivant le budget de 1811, tout ce qui forme l'ensemble de l'impôt direct a dû produire 321 millions 300 mille francs; savoir : 306 millions versés dans le trésor, et 15 millions 300 mille francs non compris dans les budgets, mais payés par les contribuables, pour frais de perception. Cette somme a porté l'impôt direct de la France à 240 millions 750 mille francs, si toutefois la répartition entre les départemens n'a pas excédé la somme annoncée dans le budget, ce qui n'est point démontré. Quoiqu'il en soit, l'impôt direct assis en 1811 paraissant être de. 240,750,000

Était inférieur à l'impôt proportionnel de 1789, de. 47,426,953

En 1812, cet impôt a peu augmenté. Fixé en 1813 à 340 millions 696 mille 656 francs, et pour la France actuelle à 267 millions 298 mille 616 francs, avec les droits de perception, on voit que les plaintes qui se sont élevées n'étaient pas fondées.

Les contributions directes demandées par le budget de 1817, étant de 419 millions 865 mille 958 francs avec les accessoires (*Voyez* le tableau VIIe.), l'excédant de tribut exigé par la rigueur des circonstances sera de 111 millions 689 mille 5 francs; somme bien considérable, il est vrai, mais dont la charge est particulièrement aggravée par l'inégalité de répartition (1).

---

(1) Les progrès et les bénéfices de l'agriculture sont si considérables, que je suis convaincu que l'impôt direct, bien réparti, pourrait être porté, sans surcharge, jusqu'à 298 millions, les frais compris; surtout si on imposait, non pas d'après les produits réels, mais d'après les produits possibles à obtenir, quelques départemens, tellement attachés aux anciens usages, et si rebelles à profiter des connaissances acquises, qu'on y trouve la charrue décrite par Virgile, et la culture des Gaulois.

Observations sur le Cadastre.

Il est certain que le projet de connaître les diverses productions de chaque canton, de chaque domaine, de chaque pièce de terre, afin de parvenir à réduire à huit ou dix tarifs les productions d'une étendue aussi vaste que la France, sans qu'il en échappe une parcelle, présente une théorie séduisante, qui peut même être mise en pratique dans un petit état, mais dont l'exécution est impraticable partout ailleurs. L'impossibilité résulte du nombre d'experts auxquels il faut confier l'estimation des terres, ou plutôt les fortunes territoriales. Inconnus à l'administration qui les emploie à cent et deux cents lieues, elle n'a d'autre garantie de leur capacité et de leur plus ou moins de facilité à céder aux influences locales, que la coopération de deux habitans qu'elle ne connaît pas davantage, mais qui peuvent avoir intérêt à exagérer les produits de certains territoires, afin de déguiser la valeur des sols où leurs propriétés et celles de leurs familles sont situées. Il est vrai que l'estimation doit être vérifiée par les directeurs des contributions; mais, comment une vérification faite dans le cabinet, pourrait-elle avoir d'autre objet que de simples calculs, lorsqu'il est évident que l'examen et l'étude des terrains seraient indispensables ? De là l'impôt fixé au quart, même au tiers dans des départemens cadastrés, au 15e. dans d'autres qui le sont aussi, comme beaucoup de membres des deux Chambres, propriétaires dans les environs et loin de Paris l'auront remarqué ; de là encore ce cri usité en fait d'impôt: *sauve-qui-peut.* Un autre vice, c'est la différence qui existe entre le sort des départemens cadastrés dès l'origine, et de ceux qui le seront les derniers. L'Etat aura reçu la moitié de la valeur des fonds des premiers, s'ils paient pendant trente ans le tiers de leur revenu, tandis que les autres n'auront contribué qu'à raison de 9 pour o/o.

Pour remédier à ces vices il faudrait que, dans chaque département, 1500 ou 2,000 experts se missent à la besogne le même jour ; que les terres eussent été purifiées par une continuité de beau tems ; qu'elles eussent reçu plusieurs labours, de manière que ces estimateurs pussent s'assurer, par un simple mouvement du pied, de la tenacité ou de la légèreté des sols, de la richesse ou de l'infertilité des couches inférieures; au coup d'œil, des avantages ou des inconvéniens des divers sites. Après quoi, cette armée d'experts se communiquant leur travail, classifierait toutes les terres de la France d'après des bases communes. La même opération devrait se renouveler chaque année, à des époques régulières et également favorables, afin de donner une seconde évaluation aux vignobles, aux prairies épuisées qui auraient été mis en labour, et aux terres qu'il aurait fallu abandonner au repos ou planter en bois. Encore, si l'on avait facilité les moyens de réclamation, peut-être, à l'aide de siècles et de millions, serait-on parvenu à quelqu'apparence d'égalité; mais comme les lenteurs d'une justice distributive n'étaient pas conformes au caractère très-expéditif du chef du gouvernement sous lequel le cadastre a été mis en activité, on dirait qu'on s'est étudié à entourer les propriétaires de difficultés. En effet, en 1811, 1812, 1813, c'était une dérision d'exiger qu'ils fissent leurs réclamations dans le délai d'un mois, qu'ils fussent en France ou en Allemagne, à Madrid ou à Moscow, libres ou prisonniers, vainqueurs, vaincus, ou morts. Néanmoins représentés de fait, en vertu d'un décret impérial, par des fermiers qui étaient censés comprendre des expressions tirées des racines grecques, quoique la plupart ne sussent pas même parler leur langue, ils sont condamnés à payer, durant vingt années, les bévues des experts, quelque lourdes qu'elles aient été, et après eux, leurs enfans ou petits-enfans seront réintégrés dans leurs droits originaires.

Les conseils généraux, dit-on, ont été invités à faire connaître si la répartition cadastrale avait été bien ou mal faite : les uns ont gardé le silence; une faible majorité a approuvé l'opération.

Je me borne à faire observer que si l'on avait demandé aux conseils-généraux leur vœu sur une loi ou même sur un impôt projettés, il est indubitable que la majorité aurait représenté l'intérêt général; mais c'est toute autre chose, lorsqu'il est question d'un impôt existant; car comme son premier caractère est d'être régulièrement réparti, il suffit que quelques individus soient lésés pour qu'il y ait un vice; à plus forte raison, lorsque plusieurs départemens ont fait connaître que la répartition était mal faite; alors le fait a acquis un caractère authentique, et la minorité doit emporter la balance, parce qu'elle est censée supporter une partie des charges de la majorité, qui n'avait pas effectivement à se plaindre; aussi, plus les vices du cadastre seront multipliés, plus il aura de partisans.

On dit que la répartition entre les contribuables est soumise à la répartition générale faite par le Gouvernement. Peut-être serait-ce un nouveau vice, parce que l'institution dont il s'agit, ayant pour objet d'établir une comparaison entre la quantité et la valeur du produit des fractions et de l'ensemble, il paraîtrait que la répartition partielle et générale ne devrait résulter que de ce rapprochement.

Au surplus, le projet de cadastrer les propriétés foncières, n'est pas nouveau. Renouvelé des Romains, il a été essayé plus récemment dans divers Etats ; mais sans succès ; car, après avoir coûté des sommes considérables, il a fallu le recommencer sur de nouveaux frais. Jusqu'à cet instant, il coûte près de 60 millions. A ce prix, on a le *duplicata* d'une partie de la statistique que M. de Cassini nous a donnée entière à beaucoup moins de frais ; mais ce projet présentait au conquérant l'occasion de créer une nouvelle administration et le moyen de faire trembler les propriétaires.

Observations sur le système d'amortissement.

On se tromperait étrangement, si on regardait le papier de circulation de l'Angleterre comme représentant sa dette. C'est un papier de convention qui, après avoir servi à conquérir nos possessions d'outre-mer et le commerce de l'univers que nous partagions, sert aujourd'hui à exploiter l'un et l'autre. L'Angleterre ne doit rien, parce que toutes ses dettes ont été anciennement fondues dans ses effets, lesquels n'auront le caractère de dette nationale que lorsque le remboursement en sera forcé. Cet instant n'arrivera que lorsqu'elle aura perdu ses colonies, les Grandes Indes. Jusqu'à cette époque, qui ne paraît pas prochaine, il ne faudra voir dans ses effets que d'immenses capitaux qu'elle a su créer, dont l'intérêt n'est pas onéreux, parce qu'il est payé avec le papier lui-même, et dans sa création qu'un trait de génie qui nous a été bien fatal.

Ces vérités sont démontrées par l'histoire. Elle nous apprend que les effets de l'Angleterre datent de la révolution de ce pays. Ils avaient bien alors le caractère d'une dette, mais très-faible, car elle ne s'élevait qu'à un million 54 mille 925 livres sterlings ; mais comme depuis le gouvernement anglais n'a pas dévié du système qu'il s'était dès-lors formé de ruiner notre marine et de s'approprier le commerce général, il n'a pas cessé de nous susciter des ennemis et de leur fournir des subsides. De là, sept périodes de guerre qui ont absorbé soixante-quatre années sur cent vingt-cinq, à dater de 1689 jusqu'en 1814, et qui ont successivement porté les papiers de convention à 812 millions 15 mille 135 livres sterl ; somme à laquelle ils ont été fondés le 1er. février 1813.

Il est inutile de rechercher s'ils ont été réduits depuis. Mais comme à chaque traité, la paix de Versailles exceptée, le gouvernement anglais s'est fait céder quelques parties de nos possessions d'outre-mer, en d'autres termes, quelques branches de notre commerce, les effets qu'il avait émis pour les conquérir sont devenus nécessaires pour tirer parti de ses conquêtes.

Pendant chaque guerre, lorsque les effets excédaient les besoins du commerce, les Anglais ont su supporter cette surabondance, parce que leurs intérêts particuliers sont liés d'une manière indissoluble avec les intérêts de leur Gouvernement, comme ils l'ont prouvé dans la guerre d'Amérique, surtout pendant la lutte qui vient de se terminer. Mais aussitôt que l'Angleterre jouissait de la paix, le Gouvernement s'empressait de réduire la portion surabondante, ou lorsque la balance était exacte, il disposait, pour d'autres objets, des fonds destinés aux amortissemens. Les principaux ont eu lieu pendant la paix, de 1714, pendant celles de 1748, de 1763 et de 1783. En 1733, 1734 et 1735, les fonds furent engagés et même anticipés. Antérieurement, c'était un usage constant lorsque les besoins de la guerre étaient impérieux. Le système français fut bien différent. Toujours pris au dépourvu, quoique nous fussions sans cesse menacés par un plan trop énergiquement suivi pour qu'il pût causer la moindre illusion, il fallut emprunter pour se défendre; car on avait eu recours aux anticipations même pendant la paix. Mais comme à chaque traité nous perdions les moyens d'employer une partie des effets existans avant la guerre, le sort des emprunts faits pour la soutenir était inévitable.

Lorsque par un dernier malheur nous avons été réduits à payer 1180 millions aux Puissances étrangères, dont les troupes gardent nos citadelles, pour sûreté de ce qui reste dû sur cette somme, proposer d'employer chaque année 40 millions à l'amortissement des rentes, au lieu de réunir toutes nos ressources, afin d'acquitter cette dette fatale, ne serait-ce pas prendre le change d'une manière bien extraordinaire? Mais puisque nous sommes destinés à nous modeler éternellement sur les Anglais, malgré la différence des situations, il peut être utile de connaître l'opinion de leurs publicistes. Ouvrons Hamilton; il dit: « Que *l'excédant du revenu sur la dépense, est le seul fonds réel d'amortissement qui puisse acquitter la dette publique*. L'accroissement du revenu et la diminution de la dépense, sont les moyens propres à éteindre le fonds d'amortissement, et à faire que ses opérations soient plus efficaces. Tous les plans pour l'acquittement de la dette nationale, *à l'aide de fonds d'amortissement opérant par des intérêts composés*, ou de toute autre manière, sont illusoires. »

Cependant, lorsque l'accroissement de la dépense a excédé les revenus, et lorsqu'on est convenu que la matière imposable n'est plus susceptible d'accroissement de produit pour le trésor; mais surtout lorsque la reproduction elle-même est attaquée dans son principe, comme il est démontré par le 10e. tableau, à quel moyen recourir, sinon à la réduction de la dépense? Et comment, lorsqu'on invoque le système à l'aide duquel l'immortel Sully a changé des jours de deuil en des jours de prospérité, serait-on accusé de vouloir désorganiser l'administration? Après avoir cité les principes des publicistes anglais, je me borne à rappeler les réformes faites par le Parlement, après la guerre d'Amérique (1).

Je conviens d'ailleurs que même dans mon système il y a nécessité d'emprunter, parce que les réformes que j'ai indiquées ne peuvent pas se réaliser assez promptement pour rendre disponible une portion suffisante du revenu de 1817. Mais je pense que l'emprunt doit être réduit à 100 millions; qu'il ne faut pas rembourser les prêteurs avec des rentes qui perdent 40 pour o/o, et sur lesquelles le sacrifice pourra être plus considérable dans quatre années, si on les multiplie, mais qu'il faut éteindre entièrement la dette et l'emprunt, avec le prix des portions de bois destinées à être vendues. On aura du moins l'avantage de ne plus éprouver l'embarras où l'on est; les valeurs données sur les acquéreurs compenseront dans la circulation une partie des capitaux envoyés à l'étranger, et, au lieu de courir le risque de constituer définitivement des rentes à 18 et 20 pour o/o, pour se procurer 100 millions, cette somme n'entraînera peut-être pas la réduction de 3 millions sur le revenu net, parce que les bois produisent fort peu, et que leur administration est excessivement onéreuse.

---

(1) Les rentes perpétuelles et inscrites, immeubles fictifs dans leur origine comme dans l'opinion publique, s'élèvent à 65 millions 393 mille 312 francs. Soit qu'on leur donne aujourd'hui la dénomination de 5 pour o/o consolidés, parce que les Anglais ont des 3, des 3 1/2 pour o/o fondés, ou qu'on leur donne tout autre nom, elles n'en représentent pas moins la dette la plus faible de toutes les puissances du premier ordre, l'Angleterre exceptée, puisqu'elle ne doit rien. Je me persuade difficilement qu'on parvienne jamais à faire de ces rentes le régulateur du crédit général, puisqu'elles perdent 40, tandis que l'intérêt particulier est entre 5 et 6, disparité qui est bien loin d'exister en Angleterre, où l'intérêt public et l'intérêt particulier sont au même taux; mais je conçois fort bien que quelque modique que soit cette dette, surtout proportionnellement à nos richesses nationales, auxquelles il ne manque que des moyens de développement, il sera sage de l'amortir successivement, lorsque nous aurons soldé notre affranchissement. Les moyens d'amortissement, sans être une occasion d'augmenter les impôts, se trouveront tout naturellement, et, suivant les principes d'Hamilton, dans les ressources présentées par le 13ᵉ. tableau.

www.ingramcontent.com/pod-product-compliance
Lightning Source LLC
Chambersburg PA
CBHW061112050726
47594CB00005B/1908

* 9 7 8 2 0 1 1 7 4 1 9 9 8 *